Scanne den Code und schau dir Robins Botschaft zum Buch an.

MIX
Papier | Fördert gute Waldnutzung
FSC® C022120
FSC
www.fsc.org

Mineralöl freie Druckfarbe

5 4 3 2 1

ISBN 978-3-649-64662-4

Hafenweg 30, 48155 Münster

Text: Robin Gosens
Illustrationen: Thilo Krapp
Fotografie Cover, Vorsatz, Nachsatz:
PHILIPPREINHARD.COM | DFB
Lektorat: Sara Falke
Satz: Helene Hillebrand
Printed in Slovakia

www.coppenrath.de

Das ebook erscheint unter der ISBN 978-3-649-64855-0.

Robin Gosens

SPORT STARS ERZÄHLEN:

Mein Traum vom Profi-Fußball

Mit Illustrationen von
Thilo Krapp

COPPENRATH

HALLO, ICH BIN ROBIN!

Ich erzähle dir hier meine Geschichte, wie ich es zum Profi-Fußballer geschafft habe.
So sah ich aus, als alles losging. Ich war sieben Jahre alt und am liebsten habe ich nach der Schule mit meinen Freunden im Garten auf dem Trampolin gespielt.
Ehrlich gesagt, war ich gar nicht so fußballbegeistert. Aber dann kam mein Patenonkel auf die Idee, mich ins Stadion zu Schalke 04 mitzunehmen.
Und damit fing alles an …

Robin ist sieben Jahre alt.

DER STADIONBESUCH

„Schau mal, Robin, da ist es!“ Mein Patenonkel Ralf lenkt das Auto auf einen großen Parkplatz und deutet aus dem Fenster.

„Da ist …“ Mir stockt der Atem. Ein so großes Gebäude habe ich noch nie gesehen. Ein echtes Fußballstadion. Es funkelt in Blau und Weiß, den Farben von Schalke 04.

Wir parken das Auto und steigen aus. Mit jedem Schritt, den wir näherkommen, wird das Stadion größer. Als wir endlich davorstehen, drehe ich mich zu Ralf und frage: „Hier drin wird gleich Fußball gespielt?“

„Nicht nur das“, sagt er. „Hier wird Fußball gelebt und gefeiert. Warte es ab.“

Mit schwitzigen Händen lasse ich meine Eintrittskarte kontrollieren. Mein Herz klopft schneller bei jeder einzelnen Treppenstufe hoch zu unseren Plätzen. Dann steige ich die letzte Stufe hinauf. Was ich sehe, verschlägt mir den Atem. Der grüne Rasen, die tausenden Fans, der Geruch, der Gesang, einfach alles. Mir fällt nur ein Wort ein: „Magisch!“, hauche ich.
Wie versteinert gucke ich auf den grünen Rasen. In mir kreist nur ein Gedanke.

In so einem Stadion muss ich auch mal spielen, wenn ich groß bin!
Als das Spiel anfängt, sitze ich hibbelig auf meinem Platz. Ich hoffe, dass dieses Erlebnis niemals endet. Nach einigen Minuten schüttelt der Stürmer von Schalke seinen Gegenspieler ab. Er schießt den Ball in die lange Ecke, 1:0.
Das gesamte Stadion springt auf. Alle jubeln, liegen sich in den Armen und feiern.

Mitten im Torjubel wird mir klar: Ich muss in einen Fußballverein! Morgen. Unbedingt. Mein ganzer Körper bebt, als ich Ralf anschaue und ihm ins Ohr brülle: „Das hier wird mich für immer begleiten."

Am nächsten Tag kann ich es kaum abwarten, dass die Schule endlich vorbei ist. Schon in der großen Pause verabrede ich mich mit Mikey, Gerti und Filip.
Zu Hause sage ich meiner Mutter, dass es heute keine Hausaufgaben gibt. Dann schmeiße ich den Tornister in die Ecke und hechte zum Sportplatz.

Ungeduldig kicke ich den Ball gegen den Torpfosten. „Da seid ihr ja endlich!“, rufe ich den anderen schon von Weitem zu.
Mein bester Freund Mikey läuft zu mir und klopft mir auf die Schulter. „Robin, was ist denn nur los? Warum bist du auf einmal so fußballverrückt?“
Ich rede ein bisschen leiser, damit die anderen es nicht sofort hören. Mikey kann ich alles erzählen. „Weißt du, gestern im Stadion ist mir klar geworden, dass ich da später auch mal spielen will. Es geht gar nicht anders.“
Mikey überlegt kurz und sagt dann: „Okay, Robin, dann zeig uns mal, was du kannst!“

Robins erster Stadionbesuch war in der Veltins-Arena bei Schalke 04. Wie viele Zuschauer passen bei einem nationalen Spiel in die Arena?

a.) 81.565 Zuschauer
b.) 62.271 Zuschauer
c.) 54.740 Zuschauer

AUS FUSSBALL WIRD LEIDENSCHAFT

Mittlerweile denke ich jeden Tag an Fußball. Morgens auf dem Weg zur Schule quatschen Mikey und ich über Spieler und die großen Stadien. Auf dem Schulhof geht es weiter. Und nach den Hausaufgaben kicken wir auf dem Bolzplatz. Abends diskutiere ich mit Papa, warum ich schon wieder aufhören muss mit dem Spielen.

Gestern habe ich Mama sogar gefragt, ob ich den Ball mit ins Bett nehmen darf.
„Vielleicht werde ich dadurch im Schlaf noch besser!“

„Ich muss unbedingt in einen Verein", sage ich am nächsten Morgen zu Papa. „Ich will sehen, wie gut ich wirklich bin."

„Robin", sagt Papa, „es geht doch nicht darum, wie gut du bist. Spaß sollst du haben."

„Ja, ich weiß", antworte ich. „Aber ich will doch auch sehen, ob ich mit anderen Spielern mithalten kann."

„Also gut, Sohnemann. Heute Abend gehen wir zum Platz und melden dich hier in unserem Verein an. Ganz offiziell!", sagt Papa.

Fast wird mir schwindelig vor Freude. Mein wochenlanges Drängeln hat geholfen.

„Wirklich, Papa?"

„Klar. Ab morgen bist du Spieler von Fortuna Elten."

Das klingt wie Musik in meinen Ohren. Ich kann es kaum abwarten.

Auf dem Schulweg erzähle ich Mikey und Gerti von den tollen Neuigkeiten: „Dann habe ich jedes Wochenende ein Spiel und zweimal die Woche Training.“

„Oh Mann“, sagt Gerti. „Wir müssen unsere Eltern auch so nerven wie du. Dann können wir alle zusammen in einem richtigen Team spielen.“ Mikey nickt heftig. Ich sehe das Funkeln in den Augen meiner Freunde. Sie denken genau das Gleiche wie ich: Wir werden die Besten sein!

Am Abend treffen wir uns alle beim Vereinsgelände. Gerti und Mikey haben am Nachmittag so lange gebettelt, bis ihre Eltern Ja gesagt haben. Während wir schon die Kugel laufen lassen, kümmern sich unsere Eltern um die Anmeldung. Nach ein paar Minuten kommen sie zu uns gelaufen und wedeln mit einem grünen Etwas herum.
„Das, ihr Rabauken, sind eure eigenen Spielerpässe. Damit dürft ihr offiziell für Fortuna Elten spielen!“

Das erste Spiel lässt nicht lange auf sich warten. Zum Glück! Das Training fand ich nämlich ein bisschen öde.
Jetzt dürfen wir zeigen, was wir können! Es fühlt sich unglaublich magisch an, das Trikot überzustreifen. Alle tragen dieselbe Farbe. Alle sind jetzt wirklich eine Mannschaft.

Als ich mit den Jungs auf den Platz trete, fühle ich mich unbesiegbar.
Unser Kapitän Lenny brüllt kurz vor Anpfiff noch unseren Ruf: „EINER FÜR ALLE!“
Wir antworten gleichzeitig: „UND ALLE FÜR EINEN!“
Dann endlich läuft die Kugel. Und wie sie läuft. Mikey, Gerti und ich dribbeln groß auf und spielen unseren Gegnern Schleifen in die Beine. Kurz vor dem Abpfiff bekommt Mikey den Ball im Mittelfeld.

Er spielt einen zuckersüßen Pass auf Gerti, der in die Tiefe startet. Er pflückt die Kugel runter und sucht mich im Strafraum. Als ich den Ball bekomme, drehe ich mich einmal um die eigene Achse und schieße uns zum Sieg.

Nach dem Spiel bin ich noch völlig aufgedreht.
„Wow, Robin, du warst echt klasse!“, sagt Mikey bewundernd.
„Du hast recht“, ruft jemand anderes. „Robin war unser bester Spieler auf dem Platz.“
„Danke, Danke, Leute“, antworte ich etwas verlegen. Aber insgeheim denke ich: Ja, verdammt. Ich hab es wirklich drauf!

Zu Hause sitzt meine ganze Familie zusammen am Esstisch.
„Und wie war's heute?", fragt Mama.
„Gut", antworte ich. „Wir haben gewonnen und ich war der beste Mann auf dem Platz."
Mama und meine Schwester Chanti lachen. Papa hingegen guckt mich mit ernster Miene an und sagt: „Robin. Lass dir eins gesagt sein: Wer denkt er sei der Beste, wird niemals der Beste sein!"

Noch spät nachts denke ich über die Worte meines Papas nach. Kurz vor dem Einschlafen verstehe ich endlich, was er meint: Wer denkt er sei der Beste, riskiert es, weniger hart an sich zu arbeiten, weil er sich für besser hält als alle anderen.
„Das wird mir nicht passieren", murmele ich und schlafe mit einem Lächeln ein.

FAKTEN

So sah Robin aus, als er bei seinem ersten Verein spielte. Kannst du dich noch erinnern, wie der Verein hieß? Trage die Lösung unten auf der gestrichelten Linie ein.

___ ___ ___ ___ ___ ___ ___

___ ___ ___ ___ ___

QUIZ

Robin ist neun Jahre alt.

VATER UND SOHN

„Robin, kannst du mal bitte kurz kommen?“, ruft Papa die Treppe herauf.
Ich bin gerade auf meinem Zimmer und jongliere den Ball. „56,57,58“, zähle ich in Gedanken mit.
„Mann, Papa“, brülle ich runter, „ich knacke gerade meinen Rekord. Aber gut, ich komme!“

„Ich möchte dich was fragen“, sagt Papa. „Dein Trainer will, dass ich die Mannschaft übernehme.

Wie findest du es, wenn ich dein Trainer werde?“
Ich strahle vor Freude. „Ist doch eine super Idee, Papa.“
„Na, wenn das mal gut geht“, murmelt Mama im Hintergrund.
Auf dem Weg in mein Zimmer bin ich glücklich. Ich denke, dass ich jetzt noch mehr spielen werde, weil mein Papa nur das Beste für mich möchte. Schließlich ist er mein Papa, oder?

Am nächsten Abend leitet Papa das erste Training unserer Mannschaft. Er war bisher bei jedem Spiel dabei. Darum kennen ihn alle. Mikey und Gerti sind ebenso happy wie ich, dass Papa unser Trainer ist. Die beiden gehören ja auch fast zu unserer Familie. „Bei seinem Wissen über Fußball werden wir ab jetzt jedes Spiel gewinnen!“, sagt Gerti.

Und das stimmt: Seitdem Papa unser Trainer ist, gewinnen wir jedes Spiel. Aber trotzdem bin ich nicht glücklich.
„Robin, Blümchen pflücken kannst du nach dem Training!“, „Robin, abspielen! Hast du keine Augen im Kopf?“, „Mensch, Robin, träum nicht!“, „Robin, Fußball ist ein Mannschaftssport!“
So geht das die ganze Zeit!

Nach einem weiteren blöden Training platzt mir zu Hause der Kragen. Voller Wut schreie ich Papa an: „Wieso behandelst du alle anderen Spieler besser als mich? Ich bin dein Sohn!“

Papa wird auch sauer. „Für mich ist das nicht so einfach, Robin. Ich bin Trainer und kann dich nicht bevorzugen, nur weil du mein Sohn bist!“

„Das will ich auch nicht. Ich will nur, dass du mich gleich behandelst. Und nicht schlechter!“

Weinend renne ich in mein Zimmer. „Ich hab keinen Bock mehr auf Fußball“, schreie ich und knalle die Türe zu.

Ohne ein Wort zu sagen, verschwinde ich am nächsten Tag zur Schule. „Ich höre auf mit Fußball“, sage ich während des Schulweges zu Mikey.

„Ich dachte, wenn Papa Trainer ist, wird es noch cooler. Aber jetzt habe ich gar keine Lust mehr!“

„Jetzt beruhig dich mal, Amigo“, erwidert Mikey. „Atme tief durch und frag dich dann: Willst du wirklich nie wieder Fußball spielen?“

„Na, logo will ich Fußball spielen. Jede Sekunde am liebsten“, sage ich.

„Na, dann. Straff deine Schultern und sprich darüber!“, antwortet Mikey.

„Ich bin froh dich zu haben, Amigo!“

Als ich nach der Schule zu Hause ankomme, sage ich zu Mama: „Ich muss mit Papa reden. So geht es nicht.“

„Das stimmt, mein Schatz“, antwortet Mama. „Ich will auch nicht, dass ihr euch ständig streitet.“

Ich sacke aufs Sofa. Zum Glück ist Mama da. Aber trotzdem bin ich ratlos. „Ich kann nicht zulassen, dass ich kein Profi werde, nur weil Papa mein Trainer ist. Ich liebe Fußball. Und ich liebe Papa. Was machen wir denn jetzt?“

Mama lächelt verschwörerisch. Ich werde das Gefühl nicht los, dass sie schon eine Lösung gefunden hat.

AKTION

Toll, du hast schon wieder ein Kapitel gelesen! Jetzt erst mal bewegen. Wie oft kannst du den Ball in der Luft jonglieren? Schreib deine Ergebnisse hier auf:

1. Versuch: ______ -mal

5. Versuch: ______ -mal

10. Versuch: ______ -mal

Mein bester Versuch:

______ -mal

DER NEUE VEREIN

„Ein Hoch auf unsere Mama“, sagt meine Schwester Chanti bei unserem wöchentlichen Sonntagsspaziergang. „Im Streit schlichten bist du echt die Expertin!“
Mama hat lange mit Papa geredet und er hat sich entschlossen aufzuhören. Jetzt ist er nicht mehr mein Trainer, aber dafür immer noch der tollste Papa. Mir fällt ein riesiger Stein vom Herzen. Das Training macht wieder richtig Spaß und ich zeige allen, was ich draufhabe.

Ein paar Saisons später habe ich dann große Neuigkeiten für die Jungs. Nach dem Training stehe ich mit klopfendem Herzen vor der versammelten Mannschaft.

„Amigos, es gibt da eine klitzekleine Kleinigkeit, die ich euch sagen muss!"
„Jetzt tu nicht so geheimnisvoll, Robin, ich werde ja ganz nervös!", scherzt Gerti.
„Ab nächster Saison spiele ich für FC Bocholt. Ich verlasse Elten und probiere was Neues. Ich muss einfach", rücke ich mit der Sprache raus.

Für eine gefühlte Ewigkeit ist die Truppe mucksmäuschenstill. Mikey ist der Erste, der etwas sagen kann. „Wir wussten alle, dass dieser Moment mal kommt. Aber jetzt, wo er da ist, ist es schon traurig.

Wem soll ich denn jetzt in jedem Training den Ball durch die Nase ziehen?“
Alle lachen.
„Wie soll es nur jemals so cool werden wie in dieser Truppe?“, frage ich mich auf dem Weg nach Hause.
Dann gebe ich mir einen Ruck. Wird schon werden, so wie immer.

Am nächsten Nachmittag verabreden wir uns auf dem Bolzplatz. In einer kurzen Spielpause sage ich zu meinen Kumpels: „Wie krass wäre das eigentlich, wenn wir später mal in einem dieser großen Stadien spielen könnten?“
„Oder gegen Spieler wie Cristiano Ronaldo oder Messi?“, fragt Mikey.
„Wir müssen uns eine Sache versprechen“, erwidert Gerti. „Wir geben alles dafür, Profis zu werden!“

„Oh ja“, hake ich ein, „und wenn es nur einer von uns schafft, müssen wir uns versprechen, dass wir ihn unterstützen. Bei allem.“

Mikey nickt. „Und der, der es schafft, muss versprechen, dass er die anderen mit auf die Reise nimmt. Dann fühlen sich alle ein bisschen wie Profis!“

Als Zeichen dafür, dass wir es ernst meinen, umarmen wir uns.

Dann spielen wir weiter, immer weiter, bis irgendwann die Sonne untergeht.

Für Robin sind seine Freunde sehr wichtig. Wie heißen seine beiden besten Freunde noch einmal? Ordne die Namen richtig zu:

Macki **Mikey** **Timo** **Phillip**

Gerti **Gregor** **Micha** **Ralf**

Robin ist 14 Jahre alt.

DAS ERSTE PROBETRAINING

Das erste Jahr bei Bocholt läuft super für mich. Ich habe meinen Platz in der Mannschaft gefunden und zeige immer mehr, was ich draufhabe. Und ich habe neue Kumpels. Vor allem mit Jule verstehe ich mich super. Jule hat sich sogar einen Spitznamen für mich ausgedacht – Robse.

„Robse!“, schreit Jule nach dem Training quer durch die Kabine. „Hast du heute Lust, bei mir zu übernachten? Dann können wir morgen gemeinsam zum Spiel fahren!“
„Klar. Aber nur, wenn es morgen früh wieder diese Donuts gibt. Wenn ich die esse, spiele ich immer besonders gut.“
„Dafür werde ich sorgen, Chef.“

Das Spiel am nächsten Morgen ist sehr wichtig für uns, weil wir als Tabellenerster gegen den Zweiten in der Liga antreten müssen. Wenn wir gewinnen, ist die Meisterschaft zum Greifen nah.

In der zweiten Halbzeit kann ich wieder mal meine absolute Stärke ausspielen. Ich bekomme den Ball von Jule auf der Außenposition. Von dort kann ich mich durch meine Schnelligkeit bis in den Strafraum dribbeln.
Dann lege ich mir den Ball auf meinen linken Fuß. Anschließend schiebe ich die Kugel butterweich auf den zweiten Pfosten, wo unser Stürmer nur noch einnicken muss. 5:0 heißt es am Ende.

Die Meisterschaft lasse ich mir nicht mehr nehmen, denke ich auf dem Rückweg im Auto.
Da sagt mein Papa: „Sohnemann, es gibt was zu bereden. Mich hat nach dem Spiel ein Scout von Duisburg angesprochen. Sie würden dich gerne zum Probetraining einladen."

„BITTE, WAS?“, brülle ich so laut, dass Papa fast eine Vollbremsung hinlegt. „Ich habe euch doch gesagt, dass ich kicken kann. Da seht ihr es. Wow, ein Probetraining bei einem Profiverein!“
Ich kann mein Glück kaum fassen.

Das Probetraining zwei Wochen später läuft gut für mich. Ich bin sehr nervös und angespannt, weil ich mich frage, ob ich das alles wirklich schon möchte.
Während des Trainings spreche ich mit einigen meiner Teamkollegen. Einer sagt mir etwas, das große Zweifel bei mir schürt:
„Das Einzige, was mich wirklich stört, ist, dass ich von zu Hause wegziehen musste, um hier in der Akademie zu leben.“
„Du lebst hier? Und gehst hier zur Schule? Ohne deine Familie?“, frage ich völlig perplex.

„Ja, das muss sein, Robin. Das möchte der Verein so bei allen Spielern, die weiter weg wohnen“, antwortet mein Mitspieler Kai.
Das Gespräch wirft mich etwas aus der Bahn.
Aber ich sehe, dass ich mithalten kann. Vom Trainer und den Spielern bekomme ich anschließend Lob. Sie fragen sogar, ob ich mir vorstellen kann, zu ihnen zu wechseln.
„Darf ich ein paar Nächte drüber schlafen?“, frage ich den Trainer.
„Aber sicher, mein Junge. Nimm dir so viel Zeit, wie du brauchst!“

Zu Hause angekommen, rufe ich direkt Gerti und Mikey an und frage sie, ob sie zum Abendessen vorbeikommen wollen. Als alle am Tisch versammelt sind, sage ich: „Ich weiß, eigentlich muss ich das Angebot annehmen. Aber ich fühle mich nicht bereit. Irgendwie glaube ich, dass es nicht der richtige Zeitpunkt ist."

„Aber, Robse, das ist deine Chance, zu einem Profiverein zu wechseln", antwortet Mikey.

„Wenn er sich aber nicht wohlfühlt, dann bringt es auch nichts!“, entgegnet Gerti.
„Ich habe das Gefühl, dass ich noch etwas Zeit brauche“, erkläre ich.
„Sohnemann, wir sind hier, um dich zu unterstützen. Wenn es für dich nicht der richtige Zeitpunkt ist, dann ist das so. Wir alle stehen hinter dir, egal wie du dich entscheidest“, meldet sich auch Papa zu Wort.
Genau deswegen liebe ich meine Familie und meine Freunde. Sie helfen mir aus jeder verzwickten Lage.
„Gut. Dann sage ich dem Trainer morgen, dass ich das Angebot ablehne.“
Alle nicken anerkennend. Tief in meinem Herzen bin ich glücklich mit meiner Entscheidung. Ich weiß, dass meine Chance kommen wird.

SCHON GEWUSST?

Die allermeisten Profifußballer haben ein Nachwuchsleistungszentrum besucht. Das ist eine Art Sportinternat für besonders talentierte Fußballer und Fußballerinnen. Nur sehr wenige Spieler sind ohne so ein Internat zu Profis geworden. Robin gehört dazu.

Robin ist 15 Jahre alt.

ERFOLG ODER SPASS?

Ich glaube weiter fest an mich und meinen Traum. Das Probetraining bei Duisburg ist jetzt ein Jahr her. Und ich weiß noch besser, wohin ich will.

Als mich der Trainer von VfL Rhede anruft und mich fragt, ob ich nicht zu ihnen wechseln möchte, sage ich ohne groß zu überlegen: „Das will ich, Trainer!“

Auch Jule und zwei weitere Freunde bekommen das Angebot von Rhede. Alle nehmen es an. Wir spielen zwar nicht in der Jugend-Bundesliga wie Duisburg, aber immerhin Niederrheinliga. Eine Liga darunter.

„Ein neuer Abschnitt beginnt“, sage ich zu mir selbst, als erneut mein Telefon klingelt.

Es ist Mikey, der mir ohne Begrüßung ins Ohr brüllt: „Amigo, TuB Bocholt hat mich angerufen. Die wollen mich haben. Mich, Robse, mich wollen sie haben!“

Ich freue mich gleich doppelt: Mikey kann zu einem super Verein wechseln und er spielt damit ganz in meiner Nähe Fußball.

„Ich hoffe, du hast schon JA gesagt!“, schreie ich in den Hörer.

„Aber klar, Robse. Jetzt spielen wir sogar gegeneinander“, jubelt Mikey.

Ich grinse bis über beide Ohren. „Kann es kaum abwarten.“

Nach kurzer Zeit verstehen sich auch Mikey und Jule richtig gut. Mit ein paar anderen Freunden bilden wir eine coole Truppe.
„Lass uns mit den Jungs später ins Kino gehen“, sagt Jule nach einer Trainingseinheit zu mir. „Da läuft doch gerade dieser geniale Film.“
Ich habe total Lust. Aber ich schüttele trotzdem den Kopf. „Ich weiß nicht, Jule. Wir haben morgen um elf Uhr ein Spiel. Eigentlich ist der Film zu spät aus. Ich muss gut schlafen, um auf dem Platz abzuliefern.“
„Jetzt hab dich mal nicht so, Amigo. Ein Film. Einmal.“
„Na gut. Wenn ihr alle geht, dann habe ich ja sowieso keine Wahl.“

Am nächsten Morgen falle ich aus allen Wolken, als der Wecker mich wachklingelt. Ich habe nach dem Film bei Jule geschlafen.

Nur gehe ich normalerweise drei Stunden eher ins Bett.
„Oh Mann“, sage ich zu Jule. „Ich fühle mich, als hätte mich ein Traktor überfahren!“
„Ein Donut und eine Tasse Tee und alles ist wieder in Butter“, antwortet Jule.
Von wegen, denke ich mir in der Kabine,

eine Stunde vor dem Spiel. Und tatsächlich klappt nichts. Ich verstolpere den Ball und kriege nichts auf die Kette. Es ist zum Verrücktwerden. Kurz vor Ende des Spiels werde ich sogar vom Trainer ausgewechselt. Beim Abklatschen ruft er mir zu: „Bist wohl mit dem falschen Fuß aufgestanden heute Morgen, was, Robse?“
So ähnlich, denke ich mir.

Was für eine Katastrophe! Auf dem Weg nach Hause schwöre ich mir, dass ich vor dem Spiel nie wieder was unternehme.

Einige Wochen später muss ich all meine Kraft zusammennehmen, als Jule mich fragt: „Robse, wir gehen später auf die Kirmes. Du bist am Start, oder?“
„Nein, Jule. Morgen ist Spieltag. Geht ruhig, aber ich bleibe zu Hause“, antworte ich.
„Dein Ernst?“, fragt Jule und ich sehe, dass er enttäuscht ist. Aber dieses Mal bleibe ich dabei.

Am nächsten Morgen sitze ich fit wie ein Turnschuh in der Kabine und kann kaum erwarten, dass es losgeht. Alle anderen trudeln verspätet ein und reiben sich die Augen.
Das Spiel läuft überragend für mich.

Es steht lange 1:1. Aber als ich kurz vor Ende den Ball auf meiner Lieblingsposition Rechtsaußen bekomme, lege ich ihn mir schnell auf den linken Fuß.
Heute fühle ich mich gut, denke ich. Dann flanke ich den Ball nicht wie sonst, sondern schieße mit voller Wucht auf das Tor.
2:1. Spiel, Satz und Sieg.
Aber beim anschließenden Duschen in der Kabine spricht niemand mehr vom Spiel. Keiner klopft mir auf die Schulter.

Stattdessen höre ich Jule schreien: „Jungs, wie gut war denn bitte gestern diese Kirmes?"
„Ja, Jule, vor allem die Aktion an der Raupe", erwidert Jäcky, ein Mannschaftskollege.
„Wärst du mal dabei gewesen, Robse. Hast echt was verpasst!", sagt Jule zu mir.
Ich antworte nicht. Dafür bin ich zu traurig. Ich ziehe mich schnell um und verschwinde ins Auto meiner Eltern. Kurz darauf fange ich an zu weinen.
„Die Jungs waren gestern auf der Kirmes und haben nur davon geredet", seufze ich. „Jetzt bin ich traurig, weil ich nicht dabei war."
„Sohnemann", sagt Papa, „das ist das Leben. Du musst Entscheidungen treffen. Und jede Entscheidung hat gute und schlechte Seiten."
„Aber woran merke ich denn, was die richtige Entscheidung ist? Ich möchte gut Fußball spielen, aber auch mit meinen Freunden Spaß haben."

Meine Mama lächelt mich an. „Mein Schatz, du hast deine Entscheidung bereits getroffen. Du willst Fußballer werden. Und dafür musst du am Spieltag gut spielen. Um gut zu spielen, musst du am Tag vorher genug schlafen." Und dann hat sie die beste Idee: „Frag deine Jungs doch einfach, ob ihr an einem anderen Tag in der Woche was unternehmen wollt. Dann kannst du Spaß haben und am Wochenende trotzdem erfolgreich sein!"

„Mama, ich hab dich lieb", sage ich ihr aus tiefstem Herzen.

FAKTEN

So sah Robin aus, als er für den VfL Rhede gespielt hat. Um Profi zu werden, musste er auf viele Dinge achten. Was ist wichtig, um fürs nächste Spiel bereit zu sein?

Dem Trainer zuhören

Viel Fifa zocken

Gesundes Essen

Spaß beim Spiel und mit dem Team

Fast Food essen

Genug Schlaf

Jeden Tag mit Freunden verabreden

Robin ist 16 Jahre alt.

DAS GROSSE PROBETRAINING

„Sohnemann, hier ist jemand, der mit dir reden möchte!“, sagt Papa, als ich nach einem gewonnenen Spiel frisch geduscht aus der Kabine stapfe.

„Hallo, Robin. Ich bin Florian, ein Scout von Borussia Dortmund. Ich habe mir gerade euer Spiel angeschaut.“

Ich schweige, weil ich nicht begreife, was der Mann gerade gesagt hat. Und weil ich so nervös werde, dass ich bloß Honig im Kopf habe. Ich stammele nur ein zartes „Hallo“.

„Du hast mir so gut gefallen, dass ich dich gerne zu einem Probetraining einladen würde. Ich denke, dass wir dein Talent bei Dortmund gebrauchen könnten."
Ich bin sprachlos. Ein Profiverein, ein solch großer, will mich zum Training einladen?
Ich versuche mich zu konzentrieren. Mehr als „Okay, vielen Dank" bringe ich aber nicht über meine Lippen.
Zum Glück ist Papa da. „Das ist eine tolle Nachricht. Wir werden da sein und freuen uns tierisch auf diese Chance", sagt er.

„Papa, dieses Mal bin ich bereit. Ich nutze meine Chance", sage ich einige Tage später.
Wir sind auf dem Weg nach Dortmund.
„Ich weiß, Sohnemann. Du sprichst seit Tagen von nichts anderem", antwortet Papa lächelnd. „Aber, Robin, bitte versprich mir eins: Bleib ruhig und gelassen!"

„Ich versuche es“, sage ich.
Am Trainingsplatz bin ich trotzdem unglaublich nervös.
Völlig ungeschickt schlüpfe ich in die gelben Trainingsklamotten und stelle mich unbeholfen zu den anderen Kickern. Ich weiß nicht, was ich genau erwartet habe. Aber ein „Hallo“ vom Trainer oder den Mitspielern wäre schon toll gewesen. Doch da geht es bereits zum Warmlaufen.
„Dann zeig ich es euch halt auf dem Platz“, murmele ich zu mir selbst.

Schon bei der ersten Übung merke ich, dass ich total überfordert bin. Zum Aufwärmen müssen wir durch eine Koordinationsleiter rennen.

Ich stolpere und verhake mich in der Leiter. Der Trainer muss sie immer wieder neu aufbauen. Ich bin zu verkrampft.
Dann folgt ein Positionsspiel. Dabei soll eine Mannschaft den Ball so lange wie möglich im eigenen Team halten. Ich merke, dass die Jungs viel zu gut für mich sind.
Sobald ich den Ball bekomme, ist er auch schon wieder weg. „Komm, Junge, konzentrier dich mal“, sagt ein Spieler.

„Ich versuche es doch", brülle ich ihm verzweifelt entgegen.
Einige Kicker fangen an zu lachen.
Dann kommt das abschließende Spiel. In Rhede drehe ich da immer richtig auf. Aber auch hier klappt nichts.
Ich höre, wie die Jungs sich gegenseitig zurufen: „Spielt nicht links raus, sonst ist der Ball wieder weg!"
Ich würde ja mitlachen, wenn ich nicht derjenige wäre, der links steht.

Als ich im Auto sitze, bin ich froh. Froh, dass es endlich vorbei ist. Nach ein paar Minuten des Schweigens breche ich in Tränen aus. Papa kennt mich und weiß, dass er jetzt nichts sagen sollte. Stattdessen hält er kurze Zeit später an, steigt aus und kommt mit zwei Donuts zurück. „Sohnemann, das, was heute passiert ist, war nicht schön.

Als Papa wollte ich dich schon nach zehn Minuten vom Platz holen. Aber solche Erfahrungen gehören zum Leben. Sie machen uns auch stärker", sagt er bestimmt.
Ich atme tief durch. Langsam geht es mir besser und ich beiße in den Donut.

„Papa", sage ich dann, „egal, wie es heute gelaufen ist: Ich glaube weiter an meinen Traum!"
Wir lächeln uns an und fahren nach Hause.

SCHON GEWUSST?

Von 500 Bundesliga-Spielern schießen ungefähr 100 mit dem linken Fuß besser als mit dem rechten. Dieser starke linke Fuß wird unter Fußballern auch „Linke Klebe“ genannt. Auch Robin ist Linksfuß. Er spielt meistens im linken Mittelfeld.

DIE UNERWARTETE ZWEITE CHANCE

Robin ist 17 Jahre alt.

Nach dem völlig verkorksten Probetraining hat es kurz gedauert, aber jetzt genieße ich wieder das Leben. Beim Fußball und mit meinen Amigos.

Mikey, Gerti, Jule und ich sind nach dem Training auf dem Weg zum Bowling.

„Ich wette vier Donuts darauf, dass ich euch heute abziehe“, sagt Gerti siegessicher. Bisher hat er noch kein einziges Mal beim Bowling gewonnen. Jule klopft ihm aufmunternd auf die Schulter: „Irgendwann ist immer das erste Mal, Amigo!“ Alle lachen.

Es ist schön mit meinen Freunden. Wir lieben Fußball und ich träume täglich davon, Profi zu werden. Aber ich bin entspannter geworden.

„Also gut, Gerti, vier Donuts, wenn du gewinnst“, sage ich.
„Ich lege noch einen fünften drauf“, ruft Mikey.
„Auf geht's, Amigos, lasset die Spiele beginnen“, antwortet Gerti.
Es ist der Startschuss für eine lange Nacht mit wenig Schlaf.

Am nächsten Morgen wachen wir alle total verschlafen auf. Jules Mama klopft bereits zum dritten Mal an die Tür. „Jungs, in 15 Minuten ist Abfahrt zum Spiel“, sagt sie.
„Das kann ja was geben heute“, murmele ich in die Runde.
Obwohl ich kaum geschlafen habe, fühle ich mich super auf dem Platz. Mir gelingt so gut wie alles. Nach einem tollen Passspiel ruft Gerti: „Die Niederlage beim Bowling hat dich wohl beflügelt, Robse!“

Scheint so, denke ich, und sprinte los. Schon habe ich den Ball am Fuß und bereite das nächste Tor vor. Tage wie diese erinnern mich wieder daran, wie gut ich eigentlich kicken kann.

Auf dem Weg zurück in die Kabine fängt mich völlig überraschend ein Mann mit braunen Locken und einer großen Brille ab. „Geht ruhig vor“, sage ich zu den Jungs. „Ich komme gleich.“

„Ich weiß, du kennst mich nicht, mein Junge. Aber ich möchte dich gerne zu einem Training nach Vitesse Arnheim einladen!“, sagt der Mann mit einem holländischen Akzent.

Als Jule mich nach dem Duschen fragt, wer der Mann gewesen ist, antworte ich: „Das war ein Scout von einem Profiverein in Holland. Die spielen dort in der ersten Liga eine gute Rolle und wollen mich zum Training einladen!“

Jule ist so sprachlos wie ich. Aber dann sagt er einen Satz, den ich nie mehr vergessen werde: „Wenn es einer verdient hat, dann du, Robse!“

AKTION

Wow, jetzt hast du fast schon das ganze Buch gelesen. Zeit für Bewegung!

Schnapp dir einen Ball und such dir eine freie Hauswand mit genug Platz. Jetzt wirf den Ball gegen die Wand und fang ihn wieder auf. Klingt einfach? Aber schaffst du auch das hier:

- **Lass den Ball vor dem Fangen einmal auf den Boden aufprallen.**
- **Klatsche vor dem Auffangen mehrmals in die Hände. Wie viele Klatscher schaffst du?**
- **Dreh dich vor dem Auffangen schnell im Kreis.**

ALLES AUF EINE KARTE

Heute müssen meine Eltern arbeiten. Darum fährt mich Opa Klaus zum Probetraining nach Arnheim. Die Fahrt ist entspannt. Ich bin entspannt. Denn ich weiß, dass ich bereit bin. Tief in mir habe ich schon lange gewusst, dass ich diese eine Chance noch mal bekommen würde. Weil ich nie aufgehört habe zu träumen.

Als ich am Gelände ankomme, empfängt mich der Trainer mit offenen Armen. Ich ziehe mich um, und als ich auf den Platz komme, begrüßt mich jeder mit einem holländischen „Hoi".
Es läuft wie in Rhede. Ich bin locker und kann meine typischen Bewegungen zeigen.

Ich glänze durch meine Schnelligkeit, meine Flanken und meine linke Klebe. Im Abschlussspiel schieße ich so einige Tore. Als wir fertig sind, schwärmen alle von mir. Einige Spieler rufen dem Trainer sogar zu: „Coach, den brauchen wir unbedingt!“ Ja, ihr braucht mich, denke ich mir auf dem Weg in die Kabine.

„Sorry für die Verspätung“, sagt Papa, als er etwas später zum Abendessen erscheint. „Mich hat gerade der Coach von Arnheim angerufen. Du hast ihn sehr überzeugt!“

„Hast du daran gezweifelt, Papa?“, fragt meine Schwester breit grinsend.
„Natürlich nicht! Die Frage ist jetzt nur: Willst du es machen oder nicht, Robse?“
Ich werde plötzlich ganz still und bekomme kein Wort raus. Diese Entscheidung wird mein Leben verändern. Sie wird mich verändern. Plötzlich ist alles so real.

In den nächsten Tagen grübele ich lange. Ich fühle mich bereit. Anders als damals bei der Chance in Duisburg. Aber trotzdem zögere ich. Wenn ich gehe, lasse ich mein altes Leben hinter mir. Ich muss in ein anderes Land ziehen, ohne meine Familie und Freunde. Ich muss dort alles geben. In einem echten Profiverein. Kann ich das alles schaffen?
Schließlich rufe ich Mikey an und frage ihn, ob er Zeit hat zu quatschen.

„Robse, sag mir eins: Wovon hast du immer geträumt?“, fragt Mikey.
„Profi zu werden, Amigo“, antworte ich blitzschnell.
Mein Papa schaltet sich ein. „Würdest du also glücklich werden, Sohnemann, wenn du es jetzt nicht versuchen würdest?“
Für einen kurzen Moment bin ich ganz still. Dann sage ich die Worte, die alles ändern: „Gib dem Coach die Zusage, Papa. Ich will meinen Traum leben!“

Robin hat den Sprung in die Profi-Liga geschafft. Seit 2020 gehört er zur deutschen Fußballnationalmannschaft und hat in verschiedenen Ländern gespielt. Kannst du die Vereine, bei denen Robin gespielt hat, mit den richtigen Landesflaggen verbinden?

Heracles Almelo
Vitesse Arnheim
Inter Mailand
1. FC Union Berlin
Atalanta Bergamo
FC Dordrecht

FUSSBALL-EM 2021

Ich höre die Menschen draußen im Stadion schreien. Dann sagt unser Kapitän:
„Auf geht's, Jungs!"
Wir laufen in das Stadion ein und ich sehe nur Deutschlandfahnen weit und breit. Ich habe eine Gänsehaut und mir wird eines klar: Ich habe es geschafft. Ich habe es allen gezeigt, weil ich nie den Glauben an mich und meinen Traum verloren habe.
Beim Singen der Nationalhymne steigen Tränen in meine Augen. Dann endlich rollt der Ball. Und wie er rollt. Es ist mein Tag. Alles läuft wie damals in Rhede auf dem Bolzplatz mit meinen Jungs. Nur dass jetzt alles so viel größer ist und mir Millionen Menschen zuschauen.

Am Ende heißt es 4:2 für Deutschland.
Gegen Portugal.
Ich schieße ein Tor und bereite
zwei weitere vor.
Träumen lohnt sich!

Nach dem Spiel werde ich von einem Journalisten gefragt, was für meinen Erfolg das Wichtigste war. Ich überlege kurz und sage dann: „Es geht nicht ohne einen Traum. Egal, zu welcher Zeit und egal, nach welcher Niederlage. Ich hatte diesen Traum im Kopf. Ich habe mich an ihm festgehalten. Und er hat mir die Kraft gegeben immer weiter an mich zu glauben!“

Lösungen:

Seite 12: Antwort b. Bei internationalen Spielen wäre übrigens Antwort c richtig, denn dann gibt es ein Stehplatzverbot.
Seite 20: FORTUNA ELTEN

Seite 32

Seite 49

Seite 66

TRÄUMEN LOHNT SICH!